# maitena

# MUJERES ALTERADAS 1

*Sudamericana - Lumen*

A mis hijos Amaya y Juan, mis primeros lectores.

A Daniel Divinsky, mi primer editor.

Y a Carlitos, mi único mecenas.

La mejor definición que se me ocurre para Maitena es que no tiene pelos en el plumín. Nada de personajes "reflexivos" ni firuletes inútiles. Espontánea y directa, Maitena no pretende ser un "espejo que refleja la realidad". Por el contrario: ella agarra la realidad, con espejo y todo, y nos la tira por la cabeza. Esto no sólo es originalísimo sino también muy saludable dentro del panorama argentino.

# ALTERACIONES PROPIAS
## PROPIAS
### DE SU SEXO

# Seis cosas típicamente femeninas

# Algunos de los prejuicios más comunes respecto de las mujeres

# Seis de las cosas que hacen sentir mal a una mujer

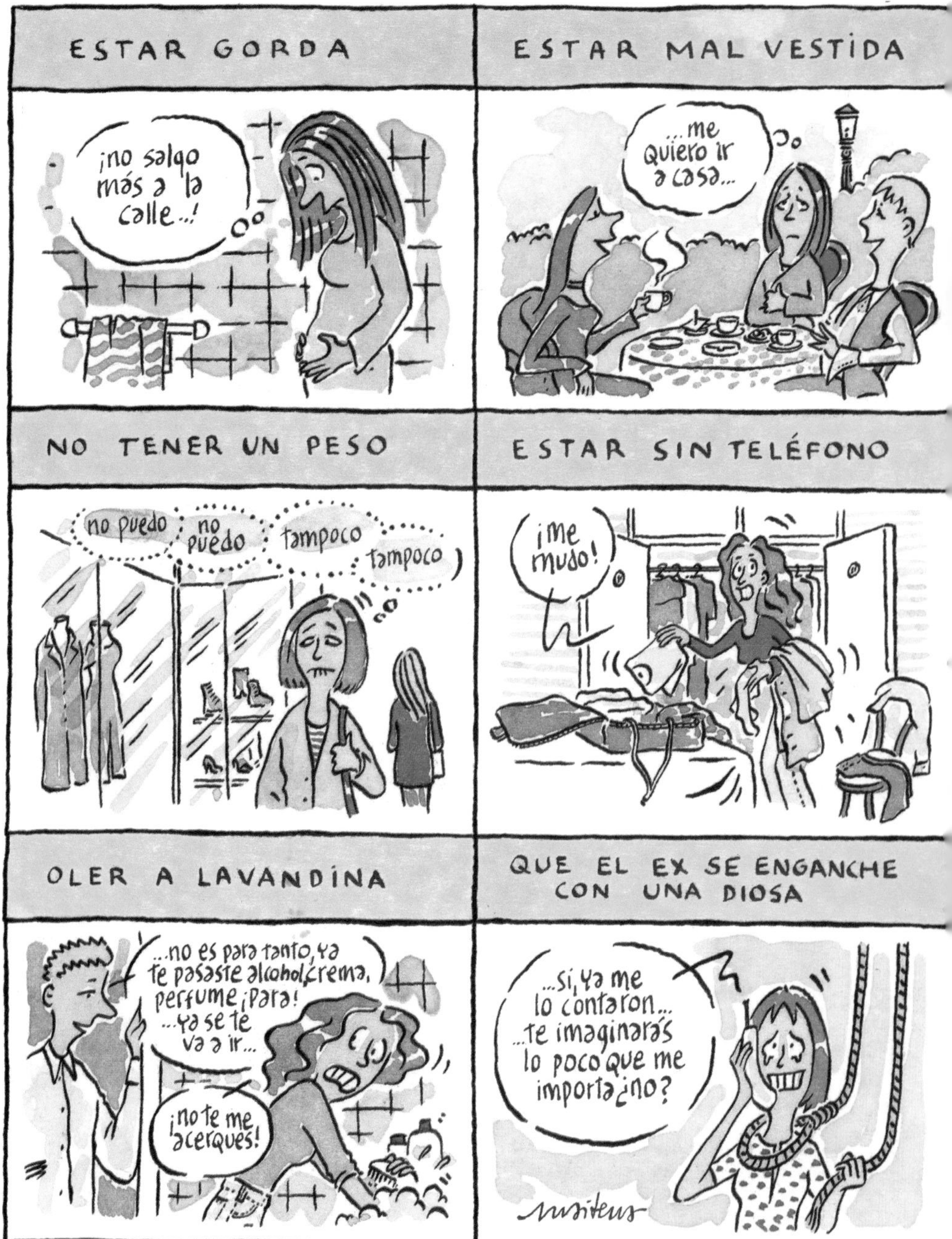

# Las seis únicas cosas que las mujeres envidiamos de los hombres

# Las cosas de las que te das cuenta con los primeros calores

# Lo lindo de las vacaciones es descansar

# Qué esperamos encontrar las mujeres al llegar a la playa

# Algunas de las paranoias más frecuentes de las mujeres

# Los seis dolores que suelen aquejar a una mujer

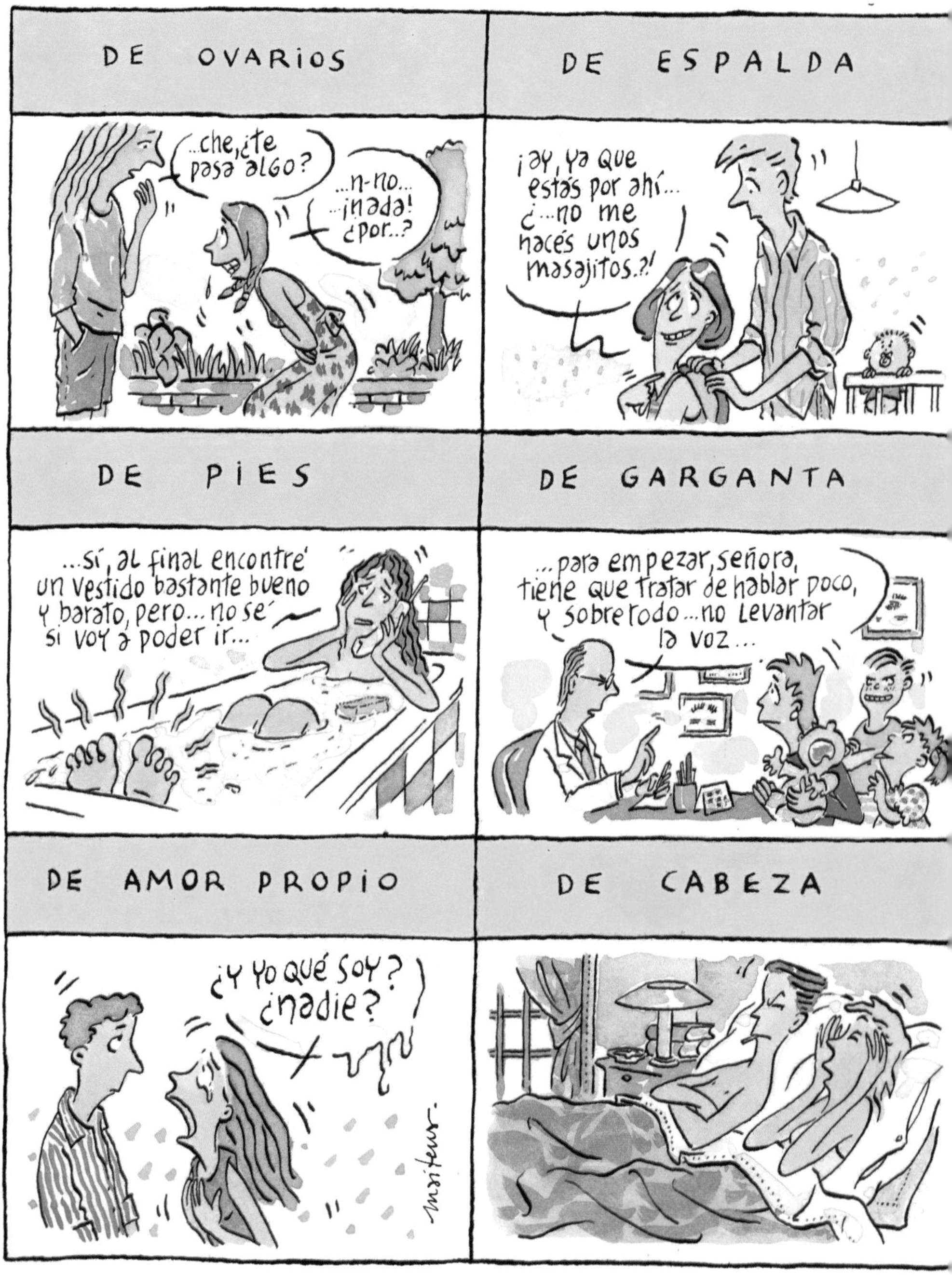

# Las ocho típicas cosas que se hacen al estar deprimida...

**Salir a comprar ropa...**

Lo llevo...

...horrible, que no usarás nunca.

**ir a la peluquería...**

...y hacerse un desastre.

**ponerse frente al espejo...**

...y masacrarse la cara.

**Comer y dormir como un lirón**

CRUNCH! CRUNCH!

...para después sentirse culpable.

**escribir largas cartas...**

SNIF! SNIF!

...que irán derecho a la basura.

**llamar a las amigas...**

...HOLA? ...HOLA?

...y cortar cuando atienden.

**escuchar música tristísima...**

...para sentirse peor.

**hacerse preguntas imposibles...**

¿PERO ENTONCES?

...para contestarse que ¡no..!!

# Seis de las mil cosas difíciles de explicar...

# Seis momentos difíciles en la vida de una mujer

# Las frases terminales más eternamente repetidas

# La vida de una mujer está llena de dudas...

# Las cosas que tenemos que manejar las mujeres para demostrar que no somos estúpidas, a través del tiempo...

# ALTERACIONES
## FÍSICAS
### Y OTROS DERIVADOS DE LA MODA

# ¡Las mujeres son tan hermosas...!

# Las seis injusticias más machistas del culto a la belleza

# De la menstruación nadie habla...
## ¡pero todas lo piensan!

# Seis horribles momentos en la vida
# de cualquier mujer

# ¡Qué linda viene la moda para esta temporada!

# ¡Se viene la moda ilógica y ecológica!

# Algunas buenas razones para empezar el régimen

**Porque te sentís un cerdo.**

**Porque no te abrochan los jeans.**

**Porque querés que "ÉL" lo empiece.**
...unas deliciosas milanesitas de soja y una rica ensaladita de chauchas!

**Porque ya corriste dos agujeritos más del cinturón.**

**Porque en vez de "mumi" te empiezan a decir "gordi".**
¡PLOP!
¿TE PASA ALGO? ¡HOLA!

**Porque las camisas te empiezan a quedar mejor afuera.**
SIÉNTESE, SEÑORA...

**Porque la onda, es comer sano.**
...unas costillitas a la riojana...
no tenemos...
Unos ñoquis pesto y tuco
no trabajamos
bueno, un arroz integral y zapallitos...
O.K.

**Porque estás hecha un cerdo.**
oink!

# De la vida y una de sus más frecuentes injusticias

# ¿Desfile de Carnaval? ¡No!
# ¡Moda Otoño Invierno Top!

# ¡Cómo estar a la última moda con lo que hay en casa!

# Las diferencias estéticas más comunes, entre los hombres y mujeres más comunes

# UNA COSTUMBRE INALTERABLE, LA PAREJA

# Seis típicas razones por las cuales una mujer se casa con un hombre

# Los seis peores defectos de un hombre para una mujer

# Seis típicas maneras de tratar al marido

# Seis cosas que generalmente odian los hombres

# Algunas cosas de las que "Él"
# no se enterará nunca...

# Esas cosas que solamente podemos decir nosotras (porque si las dicen "Ellos" se arma un escándalo)

# Seis típicas maneras de desvalorizar al otro

# Las seis personas cercanas a Ella por las que Él se siente más amenazado...

# Esos detalles de los hombres que los hacen tan inconvivibles

# El amor se terminó cuando...

# Los seis clásicos primeros pasos
# de una recién separada

# Seis buenas razones que tiene una mujer para querer ver al Ex

# Algunas razones por las que cada vez se casa menos gente

# Cuatro buenas razones para no casarse nunca

# ¿Cuánto dura el amor? Según pasan los años...

# UNA ALTERACIÓN CONSTANTE, LA FAMILIA

# Los seis típicos miedos de la embarazada

# Seis típicos tópicos de ser madre de un bebé pequeño

# Las cosas que nos van pidiendo los hijos a través de su vida

# Las típicas desubicaciones de los que no tienen niños...

# ¡Qué suerte que empiezan las clases...!

# Dime qué pierdes... y te diré quién eres...

# Algunas delicias de la relación padre-hija

# Los seis momentos más inolvidables
## de las vacaciones...

# Seis claves infalibles para saber si su hija adolescente es normal

# Seis claves infalibles para saber si su hijo adolescente es normal

# A qué hora puede volver la nena, según pasan los años

# El niño, su madre y la paliza, según pasan los años

# Los seis tipos de suegras más comunes

Y ALGUNOS OTROS MOTIVOS PARA

# ALTERARSE
## UN POCO

# Algunas de las típicas delicias de no saber bien adónde vas...

# Seis infalibles maneras de combatir
## el frío nocturno...

# Seis buenos motivos para no pegar un ojo en toda la noche

# Los seis riesgos más comunes de "La fiesta de cumpleaños"

# ¡Qué lindo es hacer arreglos en la casa!

# Las cosas de la casa que siempre se descomponen juntas

# ¡Qué lindo es comprar regalos para las fiestas...!

# Los típicos comentarios de la noche de Año Nuevo

# Temas de conversación característicos entre quienes no tienen nada que decirse

# La valoración familiar del "candidato", según pasan los años

# El "¿qué querés ser cuando seas grande?", según pasan los años

# Seis enemigos de la alegre cocinera

# ¿Qué miran los hombres y qué las mujeres en un restaurante?

Burundarena, Maitena
    Mujeres alteradas 1. - 5ª. ed. - Buenos Aires : Sudamericana, 2004.
    80 p. ; 23x16 cm.

ISBN 950-07-2354-9

1. Humor Gráfico Argentino I. Título
CDD A867

Primera edición en este formato: abril de 2003
Quinta edición en este formato: octubre de 2004

Impreso en la Argentina
Queda hecho el depósito que previene la ley 11.723.
© 2001, Maitena
© 2003, Editorial Lumen S.A.
Edición autorizada para la Argentina:
Editorial Sudamericana
Humberto I 531, Buenos Aires.
www.edsudamericana.com.ar

ISBN 950-07-2354-9

Esta edición de 5.000 ejemplares se terminó de imprimir en
Indugraf S.A., Sánchez de Loria 2251, Buenos Aires,
en el mes de octubre de 2004.
www.indugraf.com.ar